... Daher kann der Versuch, sich *total* von der *Totalität* der historischen Sprache zu lösen, die den Ausschluß des Wahnsinns bewirkt hätte, der Versuch, sich davon zu befreien, um die Archäologie des Schweigens zu schreiben, nur auf zwei Weisen unternommen werden. *Entweder* man schweigt von einem bestimmten Schweigen (einem *bestimmten* Schweigen, das sich wiederum nur in einer *Sprache* und einer *Ordnung* definiert, durch die vermieden wird, daß es durch irgendeine Stummheit angesteckt wird), *oder* man folgt dem Wahnsinnigen auf dem Wege seines Exils. Das Unglück der Irren, das endlose Unglück ihres Schweigens ist, daß ihre besten Sprecher diejenigen sind, die sie am besten verraten. Wenn man ihr Schweigen *selbst* aussagen will, ist man bereits zum Feind und auf die Seite der Ordnung übergetreten, selbst wenn man in der Ordnung sich gegen die Ordnung auflehnt und sie in ihrem Ursprung in Frage stellt. Es gibt kein trojanisches Pferd, mit dem die Vernunft (im allgemeinen) nicht fertig würde. Daß die unüberwindbare, unersetzbare, beherrschende Größe der Ordnung der Vernunft nicht eine *Defacto-Ordnung* oder *Defacto*-Struktur, eine determinierte historische Struktur, eine Struktur unter anderen möglichen Strukturen ist, liegt daran, daß man gegen sie sich nur verwahren kann, indem man sie anruft, daß man gegen sie nur in ihr protestieren kann, daß sie uns auf ihrem eigenen Feld nur den Rückgriff auf das Strategien und die Strategie läßt. Das läuft darauf hinaus, eine historische Determinierung der Vernunft vor dem Tribunal der Vernunft im allgemeinen erscheinen zu lassen. Die Revolution gegen die Vernunft, in der historischen Form der klassischen Vernunft natürlich (aber dieses ist nur ein determiniertes Beispiel der Vernunft im allgemeinen. Und wegen dieser Einzigartigkeit der Vernunft ist der Ausdruck »Geschichte der Vernunft« schwierig zu denken und infolgedessen auch eine »Geschichte des Wahnsinns«), die Revolution gegen die Vernunft kann sich nur in ihr und gemäß einer hegelschen Dimension vollziehen, die ich, für meine Person wenigstens, in dem Buch von

Foucault sehr wohl verspürt habe, obwohl ein spezieller Bezug auf Hegel fehlte. Da sie nur *innerhalb* der Vernunft wirken kann, sobald sie spricht, hat die Revolution gegen die Vernunft also immer die begrenzte Tragweite dessen, was man genau in der Sprache des Ministeriums des *Inneren* eine Agitation nennt. Man kann zweifellos nicht eine Geschichte oder gar eine Archäologie gegen die Vernunft schreiben, denn trotz des Anscheins ist der Begriff der Geschichte stets ein rationaler Begriff gewesen. Die Bedeutung von »Geschichte« oder »Archie« hätte man vielleicht zunächst befragen müssen. Eine Schrift, die die Werte des Ursprungs, der Vernunft, der Geschichte bei ihrer Befragung übersteigt, könnte sich nicht in der metaphysischen Abgeschlossenheit einer Archäologie einfassen lassen. ...

Jaques Derrida, Die Schrift und die Differenz, Paris 1967

Gedichtband II

Jede Woche ein Gedicht,

oder wie ein Mensch mit Ander´n spricht !

52 Gedichte von Frank Sauer

Illustrationen von Emanuel Eckl

Die Poesie ist wie ein streunender Hund, der im tiefen Morast, im dunklen Unterholz immer auf der Suche nach Beute ist. Aber manchmal kratzt er an meiner Tür, will ins Warme, will eine ordentliche Mahlzeit, und dann lässt er sich von mir streicheln und hinter den Ohren kraulen. Und ich komme mit meiner Nase ganz nah an sein Fell und rieche … und rieche …. und schmecke …

Alexander Reuas, 1905

1. Woche: Die Wunde

Eine Wunde
ging um die Welt
und machte die Runde
für allerlei Geld.

Von links ganz weich und still,
von rechts ganz schroff und schrill.

Und man hoffte
von ganzem Herzen
dort zu sein, wo die Wunde
so vor sich hin tropfte
und sich vor Schmerzen wand.

Von links ganz weich und still,
von rechts ganz schroff und schrill.

Doch welcher Schmerz könnte süsser sein,
und man sprach,
und man hauchte ihr ein:
"Grauenvoll schöne Wunde,
sei mein. "

2. Woche: Das Alte und das Neue

Das alte und das neue Jahr, die trauten sich,
man singt und tanzt vor Publikum.
Worauf das vorletzt' Jährchen spricht:
"Recht schön war's das Gebrumm'."

Das alte und das neue Jahr, die küssten sich
mit Zungen satt vor Wonn´.
Worauf das vorletzt' Jährchen spricht:
"Rotmädchen sind die Sonn´."

Das alte und das neue Jahr, die stritten sich,
bis tausend Fetzen stoben.
Worauf das vorletzt' Jährchen spricht:
"Ein Jahr wird nie verschoben."

Das alte und das neue Jahr, die liebten sich
in eiskalt' Nacht zu lang.
Worauf kein vorletzt' Jahr mehr spricht,
in tausend Stück´ es sprang.

3. Woche: Die Made, Teil 1

Wie die Made im Speck
lebte der gute Herr Schreck.

Doch zum Wochenwechsel hin
wurd´ sein Befinden immer schlechter.

Es war nicht wirklich schlimm,
doch er spürte nichts mehr,
fühlte nichts mehr,
roch nichts mehr,
sagte nichts mehr,
nur schauen konnte er noch,
und aus dem tiefen Loch
in das er gefallen war,
ging sein Blick nach oben
und hoch droben,
and're würden sagen: „Da vorn",
sah er so etwas wie Zorn.

Doch als das Läuten und Knallen die neue Woche
begrüsste,
war ihm klar, dem Herrn Schreck,
unserem Herrn Schreck,
dass er nur die Made war.

Ja, und dann verrauchte schnell der Zorn,
und er sah den Schreck´, ganz weit da vorn.

4. Woche: Deine Augen

Deine Augen rühren mich,
denn sie sind schief.

Sie rühren mich so tief,
dass ich für einen Moment aus dem Reimen komm'.

Deine Augen rühren mich,
denn das Eine schaut gerade hinein in die Welt,
das And're aber schaut schräg nach unten,
in Welten, die mich rühren.

Sie führen mich mit auf ihrem Weg,
der schräg an mir vorbei geht,
in eine Welt voll Zärtlichkeit,
voll Liebe,
und ich vergesse wieder für einen kurzen Moment
das Reimen.

Und es fängt an in mir zu keimen,
dieser Blick,
zu mehr Mitleid,
zu mehr Gefühl, bündelt eine Kraft,
eine Wahrheit, die direkt über meiner Nasenwurzel liegt.

Und dann kommt es zurück
dieses Reimen
und wünscht mir viel Glück,
auf dem Weg zu den kleinen
Freuden,
die ein Leben ohne den schrägen Blick
bedeutungslos erscheinen
lassen.

Deine Augen rühren mich,
ein männlich scharfer Blick,
der den Vater leugnet,
der schräg nach unten in den Schoss der Mutter blickt,
auch diese verleugnet,
und auf ein neues Leben wartet.

Ein Leben voll Inbrunst,
das irgendwie über seine Verhältnisse geht.
Und doch schwebt
eines dieser schrägen Augen
wie eine Verheissung über der Welt
und macht sie bunter, schöner,
wenn nichts ihr den Weg verstellt.

Und die Klänge steigen auf,
schwellen an zu einem Himmelschor,
der vielleicht auch euer Herz erreicht,
und den schrägen Blick zu dem werden lässt,
was er sich nie erträumt hätte,
zu unserem schrägen Blick.

5. Woche: Mit Volldampf

Mit Volldampf zurück
schrie das Glück,
als es auf den Eisberg traf.

Dies bedarf
keiner grösseren Erklärung,
denn wer jemals einen Eisberg nah
sah,
der war auch so
froh.

6. Woche: Das Eibrot

Oh' du liebes Eibrot,
lass dich umarmen,
dass die ganze Welt
in ihrer Not
erkennt,
dass du die Rettung bist.

An deiner warmen
Seite möcht' ich schlafen,
möcht' mit dir durch Strassen
zieh'n.

Möcht' vor den Geistern flieh'n,
nur essen darf ich Dich nicht,
mein liebes Eibrot.

Oder soll ich dich erlösen
vom schnöden Sein der butterschweren,
vom Eigelb durchdrungenen Scheiben,
die ihr Bestes versucht haben,
um die Welt zu retten.

Noch kauend mit fetten Backen
zieh' ich durch Gassen,
und hau' so voller Kraft,
dass hatte das Brot geschafft,
den Massen
auf die Schnauze.

„Aus, aus," ruft das Eibrot,
du hast wohl nicht alle Tassen
im Schrank.

Dann sank
ich mit meinem Eibrot hinab in die Dämmerung
und hab´ bestaunt, wie dass Weiss
des Ei's
glänzend gelaunt
die blaue Blume küsst.

Das müsst ihr mir glauben,
ein Eibrot kann das Elysium sein,
denn es ist so frei und rein,
vom blöden und schnöden Schein.

7. Woche: Das Feuer

Was habt ihr nur dagegen,
dass Worte mich bewegen,
Ich sollt' sie singen
im Takt dazu noch schwingen.

Doch guter Rat ist teuer,
es ist zu spät,
es brennt wie Feuer,
dass Worte mich bewegen.

19

8. Woche: Die Idee

Die Idee,
sie wird geboren,
von höchster Stelle
auserkoren,
wie eine Welle
die ganze Welt
auf einer Stelle
anzuschmier´n.

Jetzt angenommen
die Idee
verstellt
der Welt
die Tür
zur Stelle
an der die Welle
angeschwommen
kommt.

Prompt,
das liegt klar auf der Hand,
kommt
die Idee
auf folgenden Gedanken:

Die Welt
blockiert
sich selbst
und wird erkranken
an der Idee,
der Blanken.

9. Woche: Unfertig, Teil 1

Das Ich und der Geist
hatten aufgrund vieler gemeinsamer Lebenslagen
nur wenig´ Fragen
an den
Geist und das Ich.

Es blieben am Schluss nur diese drei Fragen
übrig,
die in der schwierigen Beziehung
zwischen dem Geist und dem Ich
das Sagen
hatten.

1. Wer liebt den Geist,
und wer liebt das Ich?

2. Man liebt den Geist meist,
doch wer liebt mich?

3. Mich liebt das Ich,
doch wer liebt den Geist?

10. Woche: Eine dicke Frau

Diese Frau war zu dick
für einen guten Fick.

Doch ach und weh,
das ist doch Schnee
von Gestern.

So lag er noch Stunden zwischen den Schwestern,
von denen die eine viel zu dick war.

Doch jetzt mit ruhigem Blick
sieht er zur Ander´n hin,
und der Schnee schmolz zwischen ihren Knien.

Ganz nah kroch er zu ihr,
und roch an der Frau
wie ein wildes Tier.
Dann steigt er hinauf
sie erreicht seinen Bauch,
Jetzt schreit sie nach mehr,
ihm wird alles schwer.

Sie plumpst auf ihn drauf,
es gibt einen Knall.

Ja, so war dieser Fall,
die Frau war eindeutig zu dick,
doch der Sex war herrlich
und seien wir doch ehrlich,
was ist schon ein Fick.

11. Woche: Die Made, Teil 2

Ein heiliger Stein
von Gottes Gnaden
ging so zum Schein
mit fünfzehn Maden
eine Wette ein:
„Wer beim Verlassen
dieser Welt
noch dreissig Taler
behält,
der hat den ersten Preis
gewonnen.“

Ganz heiss
auf diesen Preis
wurden da die Maden
und lassen sich zum Baden
vom Stein mit jeweils dreissig Talern
beladen.

Stolz geh´n die dann schwimmen
und beim Erklimmen
der ersten Welle
ist´s gescheh´n:
Sie geh´n
sang und klanglos
in den Fluten unter.

Nur der heilige Stein bleibt steh´n
und ruft munter
in die Wellen hinunter:
„Was sind schon fünfzehn Maden,
die beim Baden
untergeh´n.“

12. Woche: `Ne Lüg

`Ne Lüg´ als Wahrheit gut getarnt
kam mit wehend´ Fahnen angerannt,
und hat mich gierig dann umarmt
im feurig´ roten Wahrheitsland.

Die Lüge ruft:
„Du kennst mich nicht
du kleiner fieser Wahrheitswicht.“
„Ich bin die Lüg´“,
voll Stolz sie spricht,
„´ne Blüte dort im dunklen Licht.“

„Komm lass uns ´was Schönes seh´n“,
die Lüg´ mich immerfort betört
„lass uns dort zum Tanzen gehen.
Ich lüge nie“,
sie immerfort beschwört.

Am Abend dann,
die Lüg´ verschwand´.
mich unruhig dann im Bette wand.
Und schlafend voller Leid befand:
Wie war´s doch schön
im lila - lila Lügenland.

13. Woche: Unfertig, Teil 2

Sie rüttelt ihn
und schüttelt ihn,
doch der Mann bewegt sich nicht.
Er glaubte von vornehmen Blute zu sein,
doch sein wilder Blick liess anderes vermuten.
Dieser Mann musste bewegt werden.

Ich.

Und nun zu sich selbst
und einem anderen Geschlecht:
Aus seinem tiefsten Inneren schwollen Lüste an,
die ihn derart beim Laufen störten,
dass sie
von unserem Mann
kaum noch den Atem hörten.

Das war schon nicht schlecht,
aber trotzdem bewegte er sich kein Stück.

Dann kamen die alten Bilder zurück,
ihm in den Sinn,
die unablässig mit kaum hörbarer Stimme schrie´n:
Auch mein Herz blutet,
auch mein Herz blutet.

Eckl 14

zu 13

14. Woche: Ein wahrer Luftikus

Ein wahrer Luftikus war dieses Fräulein.
Die bitterschwere Süsse eines luftigen Lebens
schwebte wie ein dunkles Band
über ihrem Haupt.

Und so lebte
sie am Rand eines Bildes,
das mehr konnte, als nur beben.
Ohne sichtbare Anstrengung konnte sie
die Arme verschränken,
mit den Augen rollen
und allerlei Sachen bedenken.

Doch das Glück war nur von kurzer Dauer:
Ein luftiger Stoff
lag hinter der Mauer
unter ihrem duftigen Rock.
Lag auf der Lauer,
um ihr mit grenzenloser Wut,
den Mut
und die rot blühende Glut
ihres hell klingenden Lachens zu rauben.

Aber man wird's kaum glauben,
dieser ungerechte Bann von jahrtausend´
altem elendigem Spiel ums luftige Sein
war kaum schwerer
als ein bunt schimmernder Stein.

Und so fliegt sie
beschwingt und heiter
in die Lüfte empor.
und steigt immer weiter,
erhebt sich in Regionen,

die nie ein solcher Mensch je sah,
und ist Glückseligkeiten nah,
die eine bitterschwere Süsse leben
und über ihrem Haupte schweben.

Doch dann wurd' auch ihr die Luft zu dünn.
Und wir sagen Adieu und suchen weiter
nach dem Sinn
der vierfach luftigen Leben,
die wie bitterschwere Süsse
auch über unseren Häuptern schweben.

15. Woche: Familie Luft

Frau und Herr Luft
sind schon ein seltsames Paar.
Jahr um Jahr
wohnen sie in den gleich beengten Räumen,
die man Stadt nennt,
und denken an ein Leben,
das anstatt zu geben
nur das eine kennt,
ja nie in Lüfte zu schweben.

Aber dann mit einem Paukenschlag war es vorbei.
Sie hatten es satt
so unnahbar still
in der gleich beengten Stadt,
zu atmen, zu stehen, zu gehen,
und sie hören dieses wilde Flehen,
dass ihr Blut in Wallung bringt,
dass dies' seltene Lied von Sehnsucht singt.

Und so erheben sich Frau und Herr Indieluft
und schweben
im wilden Tanz
über dem gleich luftleeren Raum,
der als Stadt benannt
ihr Leben bestimmt.

Dreizehn kurze Momente lang geniesst man
solch turbulentes Glück.

Und dann, als alles vorbei war,
man atmet kurz durch,
sinkt man zurück
in die gleich beengten Räume einer
so genannten Stadt
und leckt sich vergnügt in den nächsten Stunden
sechs mal sechs kleinere Wunden.

Das war's nun für Familie Luft.
Das seltsame Paar geht seinen Weg
und fliegt nur ab und an in Höhen empor,
wo unsereins fror.

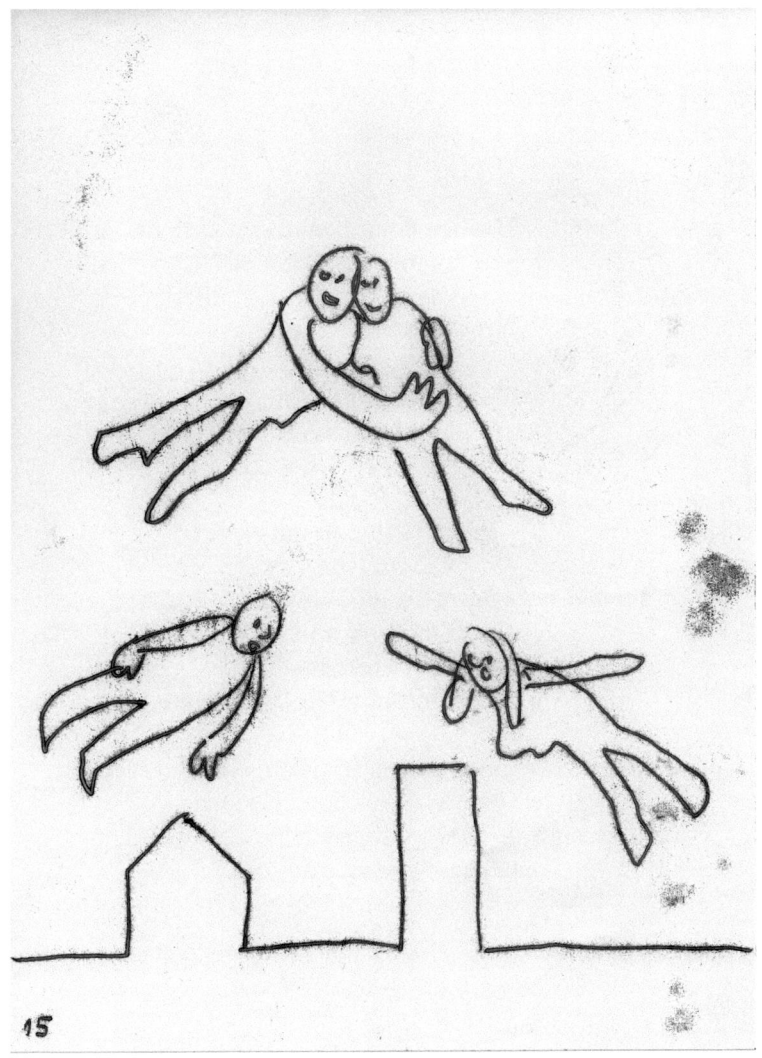

15

16. Woche: Das Vögelein – Gedicht

Aus dem dumpfen Grollen der allgemeinen Geschwätzigkeit
flog es empor, das Vögelein,
so zart und rein,
dass alles verstummte.

Selbst die dummen Sänger
vermummten ihre Antlitze
und fingen an zu schwitzen.

Alles hörte nur zu,
wie im Nuh,
ein and´res Jahr mit bunten starken Vögelein,
so zart und rein,
seine grauen Streifen ablegte
und ein neues dumpfes Grollen erregte.

Und da war es wieder, dieses Brausen, dieses Rauschen.
Aber wer wollte schon tauschen
auch im and´ren Jahr, mit tausend zarten Vögelein,
und seien sie noch so rein.

17. Woche: Entwischt

Jetzt ist es mir entwischt,
mein neues Gedicht.

39

18. Woche: Der Schreihals

Ein Schreihals sprach so laut sein Zeug,
vom wilden Affen dort gebissen,
wo zehnmal Volk sich tief verbeugt.

Oh, welch ein Schurk´, wie arg gerissen.
Des Morgens schon, bei Sonn´aufgang,
mit fürchterlichem Krach,
er mit dreitausend Teufeln rang,
dass war ein Weh und auch ein Ach.

Am Mittag dann, bei Brot und Bier,
das Blut war längst am Kochen,
sucht er sein Heil im Jetzt und Hier,
und kommt auf allen Vier´n gekrochen.

Darunter lag ein elend Gretchen,
voll Lust und schlimmer Tiererei,
sie hatt´den Braten schnell gerochen,
in elend´ blöder Tyrannei.

Mit Worten, Liedern, selten schön,
geht nachmittags er sich erfreu´n.
Die Menschen dort dann Schlange steh´n,
wer kann ein solches Spiel bereu´n?

Am Abend ist der Spuk vorbei,
der Schreihals schon ganz heiser,
dem Volk ist das ganz einerlei,
wird nur die Stimm´ nicht leiser.

Nur, kann ein Schreihals weiter klingen,
im Ernst, das ist die Frage jetzt,
und Wohltat über Länder bringen,
wenn Gemüt´ und Seel´ er so verletzt?

19. Woche: Das noch und doch Gedicht

Samtschwarze Augen,
die den Blick nach oben saugen.
Bleiernde Kränze aus Haaren,
die mit dir ins Paradies einfahren.
Der Chinakohl gehört nach China wohl,
wie unerhört war es doch,
das Gegenteil zu behaupten.

Dreifache Wesen,
die mehr als nur dreimal gewesen,
die nie mit der Wimper zucken
wie Könige der Herzen.
Die unter Schmerzen
sich nie und nimmer
und doch immer wieder
in die China-Kohl-Suppe spucken
liessen.

Samtschwarze Augen,
die den Blick nach oben saugen.
Bleiernde Kränze aus Haaren,
die mit dir ins Paradies einfahren.
Der Chinakohl gehört nach China wohl,
wie unerhört war es doch,
das Gegenteil zu behaupten.

Vierfache Wesen,
die doch nur dreimal gewesen,
und am Ende bereut ihr es noch.
Aber dann habt ihr auch
in diese schwarzen Augen geblickt.
Und ihr habt nur kurz genickt,
bevor ihr mich zur Tür hinaus lasst
und ich war wiedermal zufrieden
mit dem Mist, den du gemieden hast.

Samtschwarze Augen,
die den Blick nach oben saugen.
Bleiernde Kränze aus Haaren,
die mit dir ins Paradies einfahren.
Der Chinakohl gehört nach China wohl,
wie unerhört war es doch,
das Gegenteil zu behaupten.

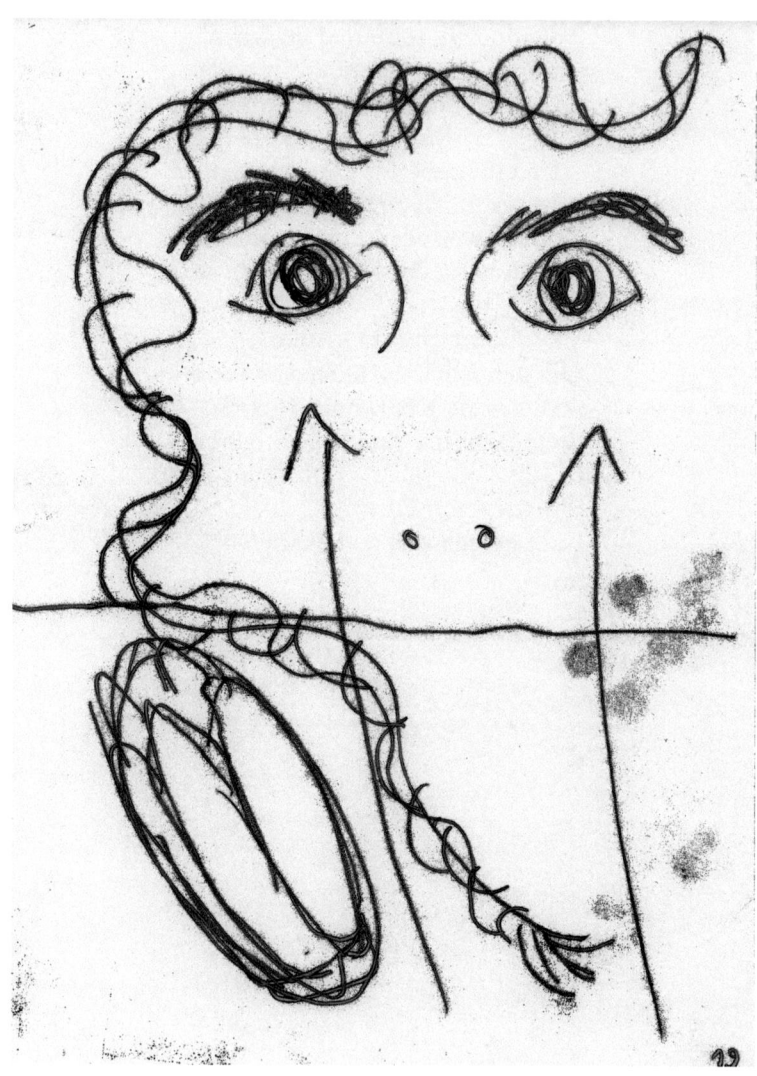

44

20. Woche: Konkrete Heimat

geh
gehst
gehst du
gehst du a
gehst du a mit
gehst du a mit kimmst gemma

bring
bringst
bringsts
bringsts a
bringsts a mit
bringsts a mit na
bringsts a mit na minga

dahoam
dahoam is
dahoam is a
dahoam is a schee
dahoam is a schee, aba
dahoam is a schee abakadabra

auswärts
auswärts is
auswärts is a
auswärts is a schee
auswärts is a schee oda
auswärts is a schee oda schnee vo gestern

21. Woche: Das Sankt Nimmerleinsland

Ich hab gerade das Meer begrüsst,
es war freundlich wie immer,
aber dich seh´ ich nimmer.

Ich hab gerade den Baum begrüsst,
er war freundlich wie immer,
aber dich seh´ ich nimmer.

Ich hab gerade das Land begrüsst,
es war freundlich wie immer,
und dich seh´ ich nimmer.

Aber als ich dich sah, so vor dir stand,
raubte dein Atem mir den Verstand,
denn ob freundlich oder nicht,
im Sankt Nimmerleinsland
sehen wir uns immer.

Ich habe gerade dich begrüsst,
ich war freundlich wie immer
und so schickte ich mein kleines Wort
von einem seltsamen Ort,
den einige Sankt Nimmerleinsland nennen,
ohne dich und mich jemals zu kennen.

22. Woche: Ihr aufrechter Gang

Ihr aufrechter Gang gefällt mir.

Ihr aufrechter Gang
fällt mir so auf,
dass mein aufrechtes Gehen
bisweilen im Stehen verweilt,
und die Welt mir mit
grossen Schritten
davoneilt.

Und hast′ sie nicht gesehen,
so bleib doch einfach stehen.

23. Woche: Stürme und Anderes

Und sollte ganz zufällig
ein gewisser Sonnenstrahl
zart, wie beiläufig
deine Lippen berühren,
er könnte von mir geschickt sein.

Und sollte ganz zufällig
ein gewisser Windhauch
zart, wie beiläufig
mit deinen Haaren spielen,
er könnte von mir geschickt sein.

Und sollte ganz zufällig
ein gewisser Regentropfen
zart, wie beiläufig
deine Wangen streicheln,
auch dieser könnte von mir geschickt sein.

Und sollte ich jemals ganz zufällig um dich weinen,
ganz zart, wie beiläufig,
war der Sturm, den ich schickte zu klein.

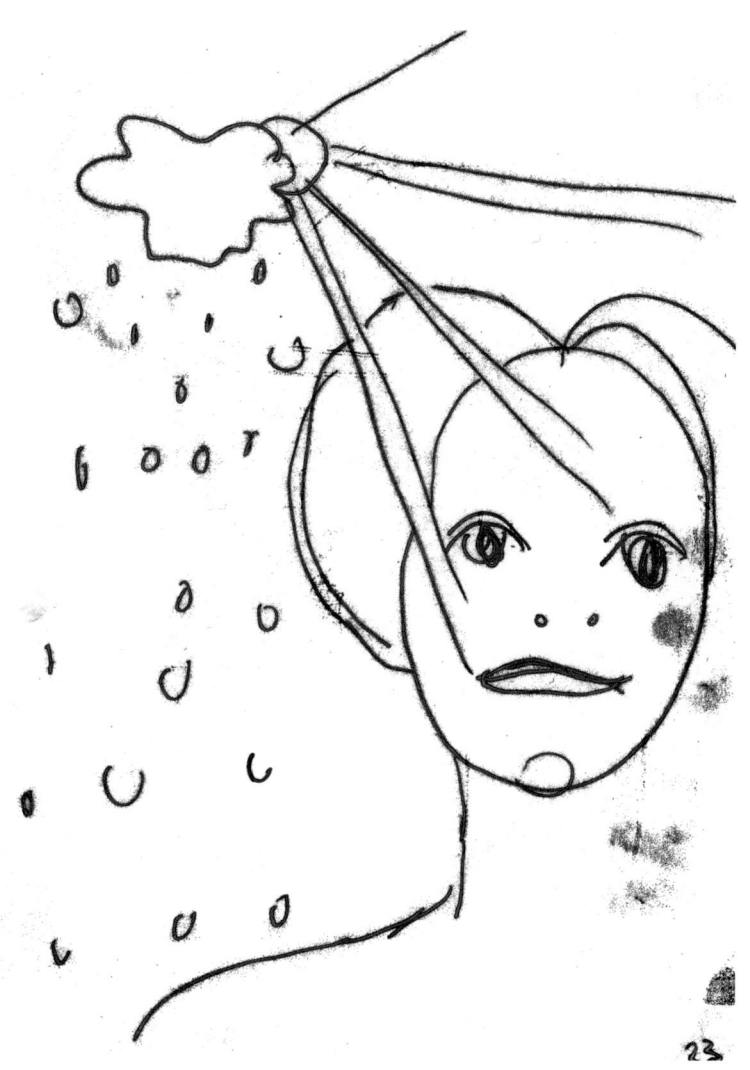

23

24. Woche: Was war geschehen?

Windspiel, Windspiel nur du allein
sollst heut´ mein einsam´ Schätzchen sein.
Windspiel, Windspiel nur ich allein
soll heut´ dein einsam´ Schätzchen sein.

Ein Windspiel
hing im Wind so still,
doch wollte niemals ruh´n.
Es tanzte dann im Kreis herum,
und als es anfing sich zu dreh´n,
wollt´s viel, ja viel zu viel.

Und schon war es gescheh´n!

Windspiel, Windspiel nur du allein
sollst heut´ mein einsam´ Schätzchen sein.
Windspiel, Windspiel nur ich allein
soll heut´ dein einsam Schätzchen sein.

24

25. Woche: Unter Dänen

Dänen lügen nicht,
nur die auf Rügen lügen.

26. Woche: Derrida & Derrido

Rotkraut, Rotkraut,
bist du nur ein Todkraut.
Todkraut, Todkraut,
bist du nur rot.

Und wenn ich einmal wiederkomm´
mit ´ner neuen Frag´,
gibst du mir ´nen kargen Lohn,
grad´ mal zwanzig Mark.

Weisskraut, Weisskraut,
bist du nur ein Scheisskraut.
Scheisskraut, Scheisskraut,
bist du nur weiss.

Schöner scheiden grosser Schwan
mit ´nem leeren Glas.
Und wir fahren in der Bahn,
dann wird die Dame blass.

Blaukraut Blaukraut,
bist du nur ein Saukraut.
Saukraut, Saukraut
bist du nur blau.

An der Mosel voller Glück
tanzen wir so hin.
Ich will nie, nie mehr zurück,
wo fahren wir jetzt hin?

27. Woche: Der Bürger

Zwei Schafe treffen sich in der Mitte
und warten auf das Dritte.

Dieses kam zum Rasen nicht,
es hatte Gischt.

Drei Schafe treffen sich
jetzt weiter rechts
und warten auf Herrn Bibi Brecht.

Doch dem Herrn Brecht
wurd´s schlecht
und so kam der auch necht.

Jetzt treffen sich vier Schaf´ im linken Eck
und warten auf das Fünfte.
Das hatte so ´nen grünen Fleck,
kam früh, ging schnell
und war dann weg.

28. Woche: Der Unfall

Ich geb´ mein Bein nicht gerne her,
ich geb´ mein Bein nicht jedem her,
denn ohne Bein ist´s Gehen schwer.
Und auch beim Stand fehlt´s Bein doch sehr,
denn ohne Bein ist´s Leben schwer,
drum geb´ ich Bein nicht gerne her.

Ich geb´ die Hand nicht gerne her,
ich geb´ die Hand nicht jedem her.
denn die fehlt beim Schreiben sehr.
Und auch das and´re fällt dann schwer,
denn ohne Hand ist´s Leben schwer,
drum geb´ ich Hand nicht gerne her.

Ich geb mein Glück nicht gerne her,
ich geb´ mein Glück nicht jedem her,
denn wenn die Schuld dann nicht mehr drückt
kommt auch das Glück vielleicht zurück,
denn ohne Glück ist´s Leben schwer,
drum geb´ ich Glück nicht gerne her.

Ich geb´ mein Lachen nicht gerne her,
ich geb´ mein Lachen nicht jedem her,
denn fast wär´s Lachen im Hals erstickt,
dann hat´ ich doch noch zweimal Glück,
denn ohne Lachen ist´s Leben schwer,
drum geb´ ich Lachen nicht gerne her.

Ich geb´ die Tränen nicht gerne her,
ich geb´ die Tränen nicht jedem her.
Doch dann war´s da das Tränenmeer,
denn ich lieb´s Leben ja so sehr,
doch dann war´s da das Tränenmeer,
drum geb´ ich Tränen so gerne her.

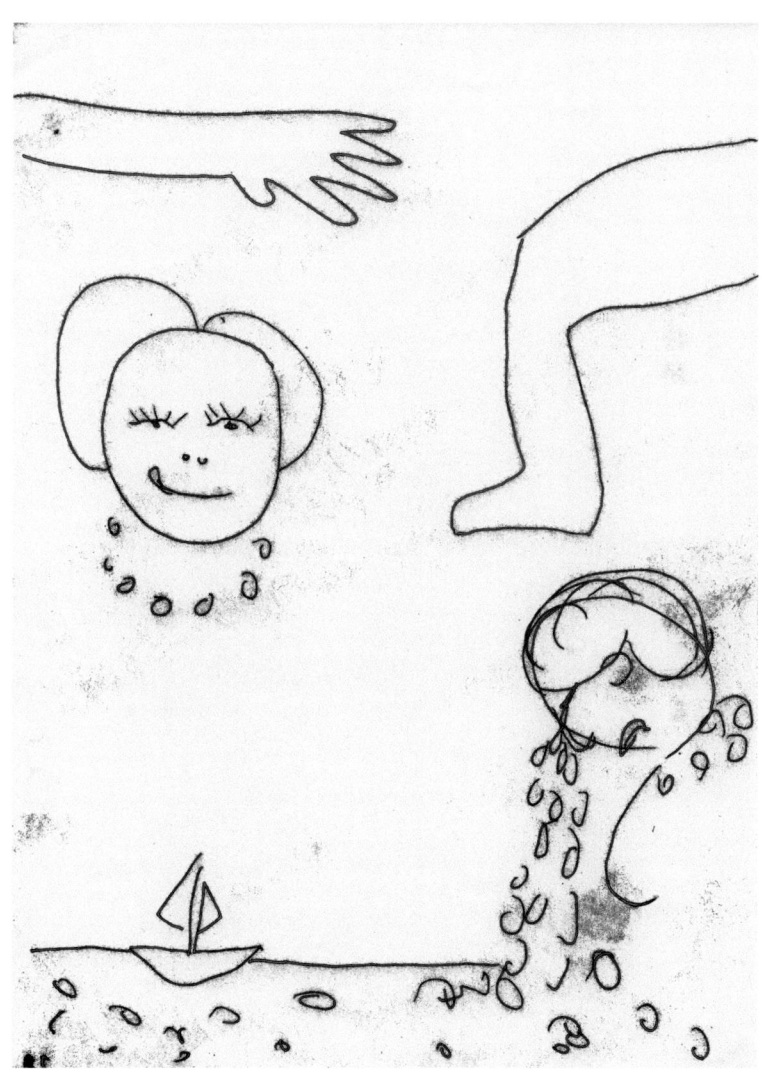

29. Woche: Der Kuss des Hundes

Ein Hund
küsst ´ne Frau auf den Mund
und gibt unter freud´gem Schwanzwedeln kund:
„Na und!"

30. Woche: Dadaistische Schlüpfrigkeit

Ein Stab mit 40 Grad
war viel zu heiß, selbst für ein Bad.

Und als er´s dennoch tat,
zischt´ und brodelt´ es solang,
bis er matt wie tot da lag
(im Wasser einsam unser Stab).

Und wie auf einen Schlag
riefen das Wasser und der Stab;
„Was für ein Tag".

31. Woche: Ein sachertortensüsser Kuss

Oh, wenn ich nur heut´ nippen
dürft´
mit einem süssen Sachertortenkuss
von ihren Lippen.

Nicht irgendwer hätt´ dann die Freud.
Es wär nur ich,
der nichts bereut,
als tausend Küsse nicht gegeben.

Ihnen nun vollends ergeben,
Ihr Herr Alexander Reuas

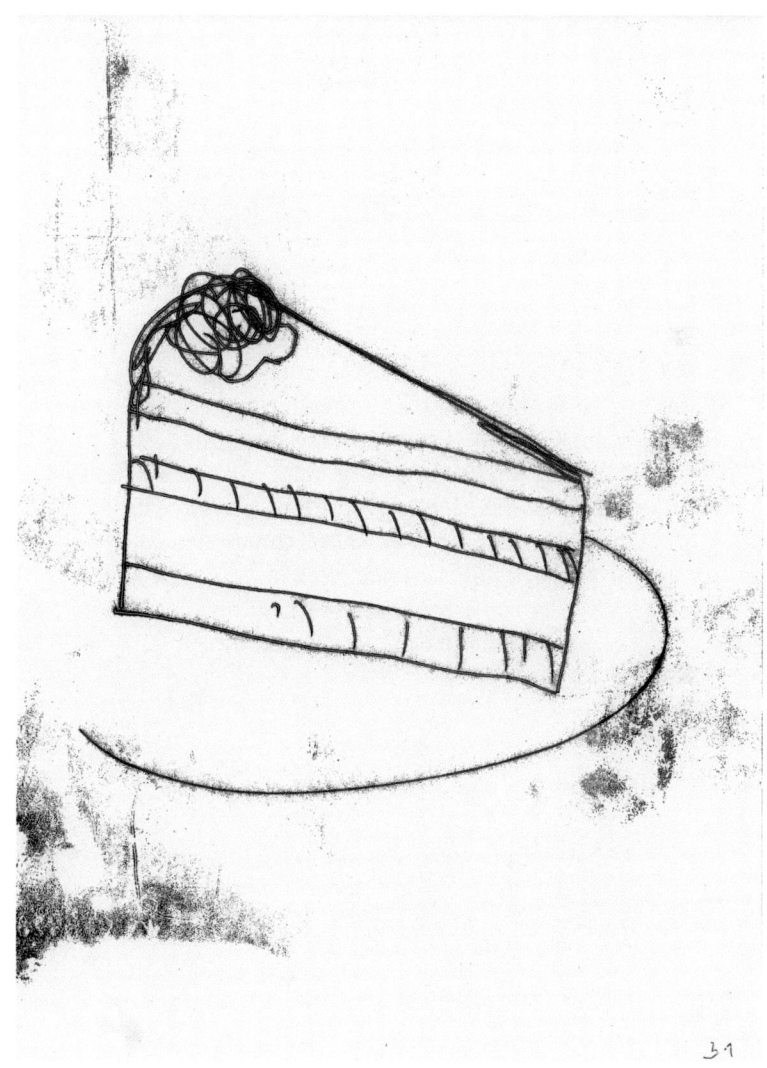

32. Woche: Die Möglichkeit des Herrn Alexander Reuas

Wenn uns´re Wahrheit ein klein wenig mehr als Lüge ist.
Wenn unser Frieden ein kein wenig mehr als Krieg ist.
Wenn unser Blick ein klein wenig mehr als nur Blicken ist.
Wenn unser Kuss ein klein wenig mehr als nur Küssen ist.
Und wenn uns´re Zärtlichkeit genau das ist.
Dann schwör ich dir,
du gehörst zu mir,
und ich ein klein wenig zu dir.

33. Woche: Die Pest

Dich werd´ ich meiden wie die Pest,
denn als ich feststellt´, wer du bist,
war klar,
dich muss ich meiden wie die Pest !

34. Woche: Kaspar Hauser war der Mann

Bei einem Waldspaziergang stach er sich das Blut heraus,
der Mann,
und sah danach viel blasser aus,
der Mann.

Und auch nur einen Finger hatte er,
der Mann,
kam ganz dicht an mich heran,
doch zeigte dann auf dich,
der Mann,
mit diesem Finger,
und dann ging er.

34

35. Woche: Jaques Freiheit

Freiheit ist, wenn du sagst, ich bin.
Freiheit ist, wenn ich sage, du bist.
Freiheit ist auch, wenn du sagst, ich bin ich.
Und Freiheit ist auch, wenn ich sag´, du bist nicht.

Doch wenn die Freiheit sagt: „Ich bin",
geh´ ich nicht mehr hin.

36. Woche: Klare Worte

Die Herrschenden sind nicht gut.
Die Herrschenden sind nicht nett.
Die Herrschenden sind nicht klug.
Die Herrschenden sind oft fett.
Die Herrschenden sind nicht gerecht.
Die Herrschenden leben froh.
Die Herrschenden herrschen schlecht.
Das war schon immer so.
Denn die Herrschenden sind die Herrschenden.

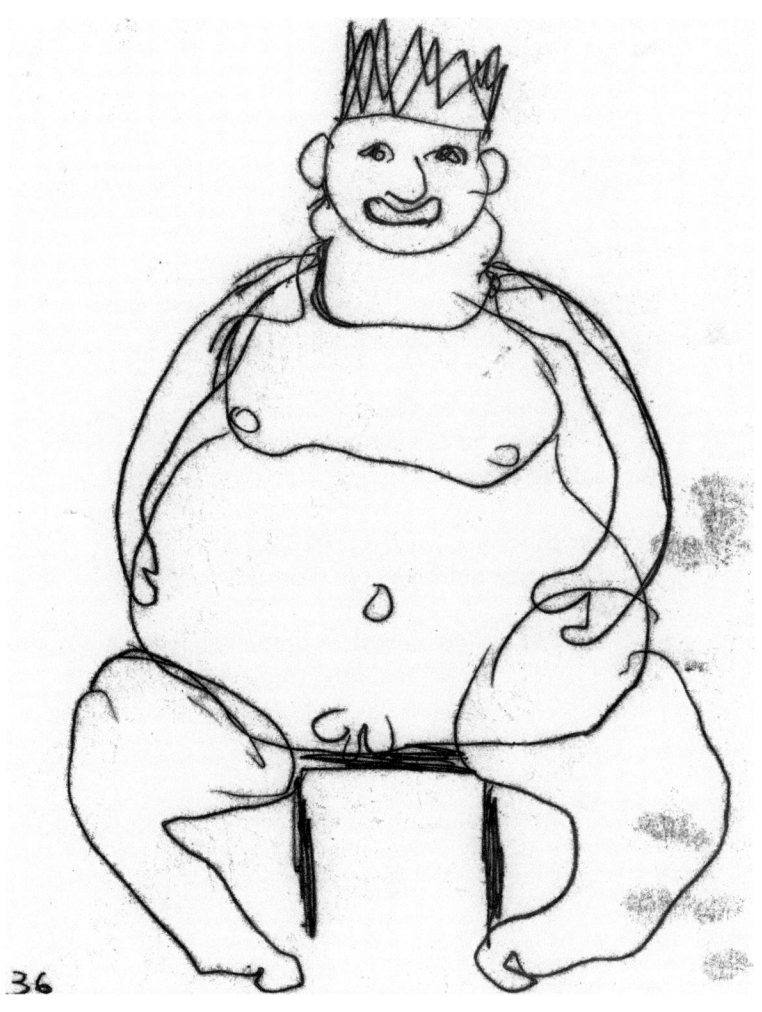

36

37. Woche: Die Erinnerung

Eine Erinnerung
springt um die Ecke rum
und schafft nach eins-, zwei-, dreimal Schlagen
ganz schön Unbehagen.

„Doch wenn´s denn sein soll",
sprach da das Bein voll Inbrunst
und schlug dem Unbehagen eine rein, wie toll!

Der Innerung wurd´s jetzt auch zu viel,
das ganze Schlagen ein dummes Spiel.

So reicht sie dann dem Unbehagen
schön ihre Hand und,
wer hätte das gedacht,
verschwand.

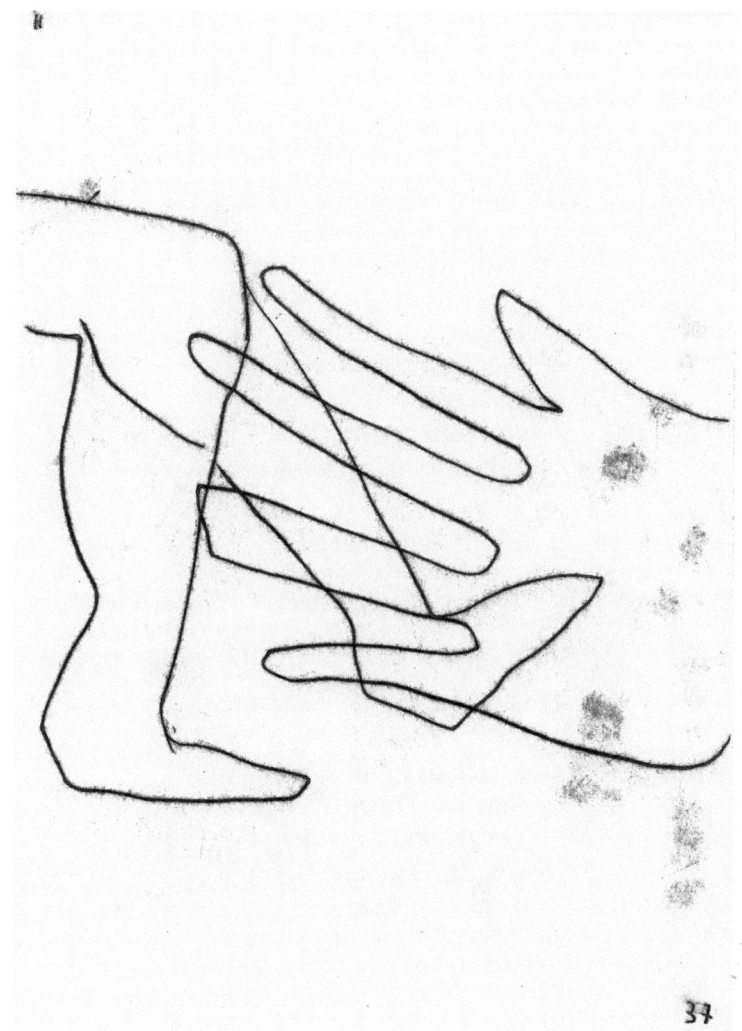

38. Woche: Leben, Tod und Hunger

Vom Essen bekomm´ ich Hunger
beklagte der Tod
mit grossem Kummer
seine ewige Not.

Vom Essen wird ich dick
beklagte voll Kummer
der ehrenwerte Fick
seinen ewigen Hunger.

Vom Essen wird ich satt
beklagte dagegen
an Mensches statt
das ewige Leben.

Doch was man nicht beachtet
ist,
wie man auch das Tierchen schlachtet,
ohne das Leben, Hunger
Tod und Kummer
einem die Haare vom Kopfe
frisst.

38

39. Woche: Im Geiste nicht

Auf warmem Stein da sass ich gut,
die Wärm´ des Steins war fast wie Glut.

Und fast ist hier das richt´ge Wort,
denn bald die Wärm´ war fort.

Dann saß ich dort
mit kaltem Arsch
auf diesem Stein
Tag aus Tag ein
und merkte nicht,
dass Stein und Glut
war´n Brüder,
zwar im Licht,
doch dann im Geiste nicht.

83

40. Woche: Die Stelle

Ich trete auf der Stelle dort
bis die Delle küsst
die Stelle fort,
und ich mich freudig
um die Ranke wand,
die dort an dieser Delle stand.

Hoch ragt
sie empor
die Ranke
und nagt
an der Delle dort.

Bis in den Himmel wuchs sie fort.

Doch dann ein kleines Wort,
die Ranke wankt,
fällt auf die Stelle dort
und verschwand.

Ich schau´ mich um
im Gelände dort,
doch sah ich
nur mich,
denn am Ende waren alle fort.

41. Woche: Die italienische Mutmaßung

Ich wollt´,
ich wär´ ein Baum.
Ich lachte kaum.
Und hätt´ ich was zu tun,
wär´s nur um auszuruh´n.

41

42. Woche: Lederhosn für den Taliban

Oa Mass geht no und dann Bumm-Bumm-Bumm.
Oa Mass geht no und dann Bumm-Bumm-Bumm.
Lederhosn für den Taliban,
werfts den Umhang weg, is doch eh a Schmarrn.

Oa Hendl geht no und dann Bumm-Bumm-Bumm.
Oa Hendl geht no und dann Bumm-Bumm-Bumm.
Gscheide Hendl für den Taliban,
werfts den Kebab weg, is doch eh a Schmarrn.

Oa Dirndl geht no und dann Bumm-Bumm-Bumm.
Oa Dirndl geht no und dann Bumm-Bumm-Bumm.
Gscheide Dirndl für den Taliban,
werfts die Burka weg, is doch eh a Schmarrn.

Oa Busserl geht no und dann Bumm-Bumm-Bumm.
Oa Busserl geht no und dann Bumm-Bumm-Bumm.
Gscheide Weiba für den Taliban,
werfts die Jungfraun weg, is doch eh a Schmarrn.

A Gaudi geht no und dann Bumm-Bumm-Bumm.
A Gaudi geht no und dann Bumm-Bumm-Bumm.
Gscheide Gaudi für den Taliban,
Jetzt lochts hoit mit, und mir gehn net hoam.

A Wiesn geht no und dann Bumm-Bumm-Bumm.
A Wiesn geht no und dann Bumm-Bumm-Bumm.
Gscheides Oktoberfest für den Taliban,
werfts den Ramadan weg, is doch eh a Schmarrn.

A Liedl geht no und dann Bumm-Bumm-Bumm.
A Liedl geht no und dann Bumm-Bumm-Bumm.
Gscheide Liedl für den Taliban,
jetzt sings hoilt mit, is doch eh nur Schmarrn.

Jetzt grad bleib mer da, weils da so schee is,
Jetzt grad bleib mer da, weils da so schee is.
Jetzt grad bleib mer da, umd mer trinkmer noch a Mass,
und a Fünfte geht a no !!!

„Die lustigen Kaschmir Buam" mit ihrem Wies´n Hit
„Lederhosn für den Taliban" sind zu sehen auf:

http://www.youtube.com/watch?v=FiHx6a-B3C8

43. Woche: Der Warzenmann

Der Warzenmann, der Warzenmann,
hat schwarzes Haar ja gar so lang,
dass bis zum Grund sie fielen.

Und an den Händ´, da hat er Schwielen.
Denn Stund´ um Stund´
wand er beim Spielen,
seine blut´ge Hand
bis alle Finger waren wund.

Und aus dem Turm
kam jetzt der Ton.
Der war nicht rund,
der war nicht bunt,
nein eckig quält er
manchen Wurm,
der unten steht am Turm.

Und wer jetzt weiss,
wen ich da mein´
der hüft von ein´m auf´s and´re Bein

Und freut sich eben
mal so ums Überleben.

44. Woche: Ein Handtuch

Ein Handtuch lag so gerade da
mit Ecken hart wie Stein
und wollte grad´ mal artig sein,
als das Malheur geschah.

Ein Windstoss
voller Wucht und Kraft
ging auf ´ne Ecke los
und schafft
das Tuch zu lösen.

Das zittert jetzt,
weil stark geknittert,
und ruft im Herzen tief verletzt:
"Du machst mich blind."

Der Wind
vom Elend nun entsetzt
ruft´s Kind,
das dort nach Liebe lechzt.

Doch dann die Hand
zog´s Tuch
zum Sand
und bannt
den Fluch.

Der Windstoss zog nun weiter.

Das Tuch
fand´s gut
und lachte heiter.

Und doch bei allem Mut
hat so ein Stoss
ein hartes Los
und ruht
in frotteesanftem Schoss.

45. Woche: Das Kribbeln der verlorenen Zeit

Auf der Suche nach der verlorenen Zeit
vergass ich völlig diesen kurzen Moment
und spürte nur ein seltsames Kribbeln
einer verlorenen Schönheit.

Auf der Suche nach der verlorenen Zeit
brannte jener Moment bis in die Ewigkeit.
Auf der Suche nach der verlorenen Zeit
traf ich sie in trüber Vergangenheit.

Doch damals sah ich vorbei,
konnte ihr nicht in die Augen seh´n,
Denn was war schon gescheh´n?

Eine kleine Flamme
brannte auf der Suche nach der verlorenen Zeit,
warf einen kaum merklichen Schein in die Gegenwart,
um sich gleich zu verlieren im Wind der verlorenen Zeit.

Was für ein Start in kommende Zeiten,
denn Schönheit wird mich begleiten
auf der Suche nach der verlorenen Zeit.

46.Woche: In der Stille

In der Stille gibt es vieles nicht:
Z.B. wie ein Mensch mit Ander´n spricht.

47. Woche: Peter und der Hund

Ein schwarzer Peter
gab munter kund:
Ich komme später
in dreizehn Stund`.

Ein geprügelter Hund
schnalzte
locker vom Hocker
und ganz ungezwungen
mit seinen drei Zungen:
„Bei mir dauert´s auch noch ´ne Stund".

„Der Hund und der Peter",
das riefen die Leut´,
„die kommen heut´ später,
ja das wird ´ne Freud".

48. Woche: Der Aal

Ohne Sinn und Verstand,
man lebt ja nur einmal,
kam er an Land,
blähte die Nüstern
und begann
ganz leise zu flüstern:
„Als geräucherter Aal
hängt mir schon lange
die Puste zum Halse heraus.
Nur ein Kuss auf die Wange,
könnt´ mir das Leben erleichtern.“

Doch dann musste der Aal zurück
und fand woanders sein kleines Glück.
Welch´ Happyend´ für das geile Stück.

49. Woche: Die Wespe

´Ne Wespe
holt voll Tatendrang
´ne Lesbe
an ihr Leben ran

Doch im Versprechen,
das musst´ ja sein,
vergass sie das Stechen
ins richtige Bein

Und war von soviel Lust
dann taub und so stumm
dass bei allen Wespen
die Angst jetzt ging um

„Das ist doch gelogen,
und dreimal verbogen
sie seien nur Wespen
und zum Stechen zu dumm.“

So summen die Wespen
tagein und tagaus
mit lautem Gesaus
vor unserem Haus.

Doch den Lesben,
das weiss ich genau,
ist´s einerlei,
das elend´ge Wespengeschrei.

50. Woche: Es geht auch ohne

Es geht auch ohne,
versprach die Drohne,
und legte sich ohne lange zu überlegen
in den lauwarmen Sommerregen.

Worauf der Schuss nach hinten los ging,
und die Drohne genau spürte,
wie sehr sie doch am Leben hing.

51. Woche: Der grösste Dimmer

Lieber Gott, bitte dimm!
Dimm doch das Böse weg,
dimm doch das Gute runter,
dimm doch das Böse weg,
ich rühr mich nicht vom Fleck.
Du bist der grösste Dimmer,
doch damit wurd´s dann nur noch schlimmer.

Lieber Gott, bitte dimm!
Dimm doch das Elend weg,
dimm doch den Luxus runter,
dimm doch das Elend weg,
ich rühr mich nicht vom Fleck.
Du bist der grösste Dimmer,
doch damit wurd´s dann nur noch schlimmer.

Lieber Gott bitte dimm!
Dimm doch die Sterne weg,
dimm doch die Sonne runter,
dimm doch die Sterne weg,
ich rühr mich nicht vom Fleck.
Du bist der grösste Dimmer,
doch damit wurd´s dann nur noch schlimmer.

Lieber Gott, bitte dimm!
Die Welt wird immer leerer,
meine Beine tonnenschwerer,
dimm mich bitte auch noch weg
ich rühr mich nicht vom Fleck.
Denn du bist der grösste Dimmer,
doch damit wurd´s dann nur noch schlimmer.

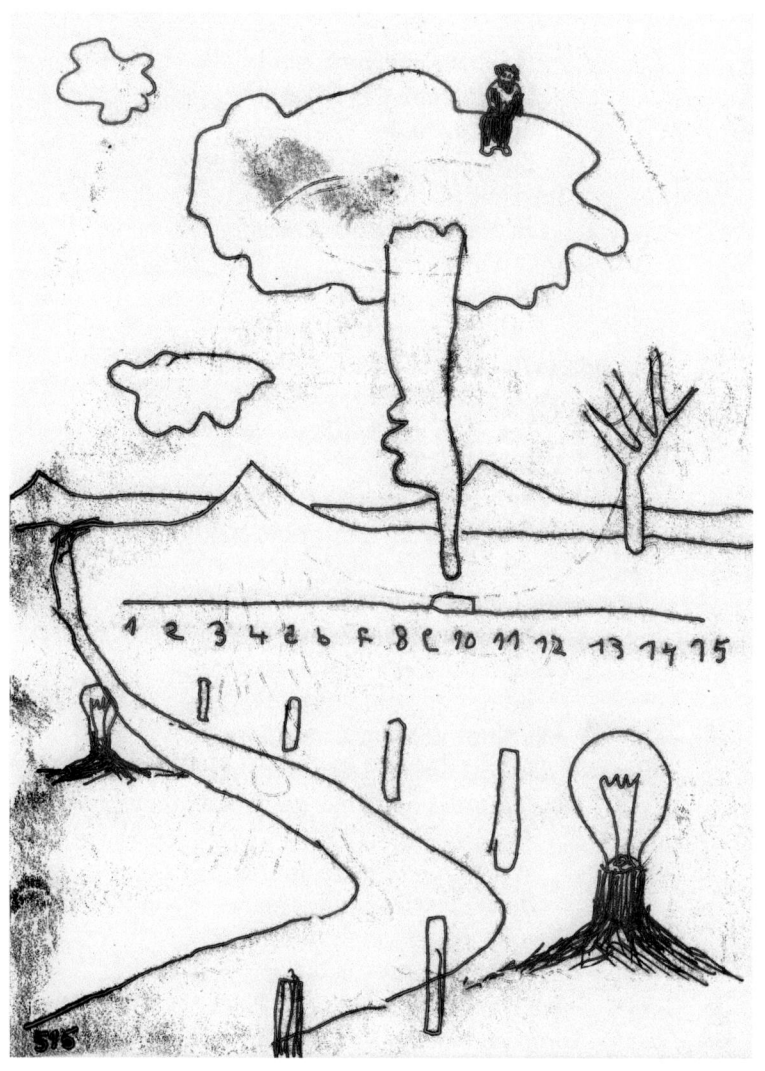

52. Woche: Die Weihnacht des Herrn Alexander Reuas

Weihnachten ist ein seltsam´ Ort,
den hab ich nie erklommen.
Dort christlich´ Wind bläst immerfort,
der macht mich ganz benommen.

Der Weihnachtsort, wo könnt´ der sein?
Mit Tränen ganz verschwommen
such´ ich den christlich´ heil´gen Schein
hab´ aber nichts vernommen.

Ich such´ und such´ und spür´ es jetzt,
ein leises Ah und Raunen,
denn du bist es, der mich versetzt
in weihnachtliches Staunen.

108

Inhaltsangabe

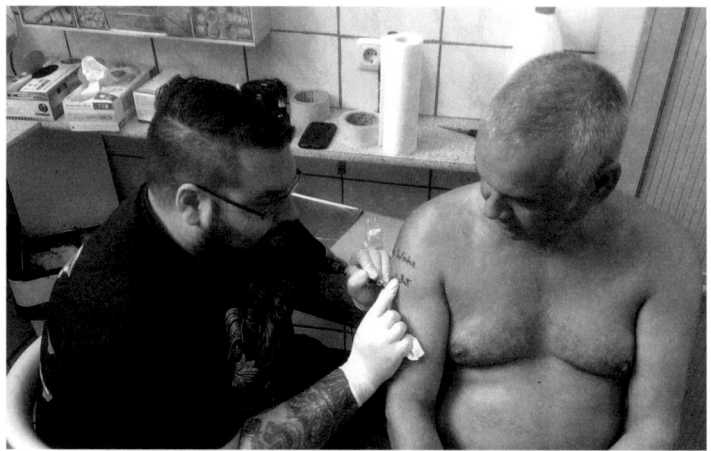

Jack´s Art Tattooing / München Juli 2014

Sauer, Frank: Jede Woche ein Gedicht, oder wie ein Mensch
mit Ander´n spricht! München, November 2014

Alle Rechte am Werk liegen beim Autor:
Frank Sauer
Hansjakobstr.33
81673 München

Cover: Frank Sauer

www.jedewocheeingedicht.de
www.gedicht-zum-neuen-Jahr .de

Erstauflage

Herstellung und Verlag:
Books on Demand GmbH, Norderstedt

ISBN 9783735786210